ANALIZA KSIĄŻKI

AF142097

Duch z Canterville

• • • • • • • • • • • • • • • •

Oscar Wilde

ANALIZA KSIĄŻKI

Napisany przez Perrine Beaufils
Przetłumaczony przez Kâmil Kowalski

Duch z Canterville

Oscar Wilde

OSCAR WILDE

IRLANDZKI POWIEŚCIOPISARZ, ESEISTA, POETA, DRAMATURG I AUTOR OPOWIADAŃ

- **Urodził się w 1854 r. w Dublinie.**
- **Zmarł w 1900 r. w Paryżu.**
- **Godne uwagi prace:**
  - *Dusza człowieka w socjalizmie* (1891), esej
  - *Salome* (1893), sztuka teatralna
  - *Bądźmy poważni na serio* (1895), sztuka teatralna

Oscar Wilde był urodzonym w Irlandii pisarzem, który większość życia spędził w Londynie i jest najlepszym przedstawicielem literatury *fin de siècle* w świecie anglojęzycznym. Był związany z ruchem dekadenckim i estetyzmem, a piękno cenił ponad wszystko.

Wiktoriańskie społeczeństwo było zszokowane jego krzykliwym dandyzmem i nonkonformizmem, a niektórzy z jego bardziej wąsko myślących współczesnych gwałtownie reagowali na jego zachowanie. W 1895 roku został skazany na dwa lata ciężkich robót w Reading Gaol za swoje seksualne związki z mężczyznami. Po odbyciu kary udał się na emigrację do Paryża, gdzie zmarł zapomniany i bez grosza w 1900 roku. Jego najbardziej znane dzieła to *Obraz Doriana Graya* (1890-1891) i sztuka *Bądźmy poważni na serio* (1895).

DUCH Z CANTERVILLE

NAJSŁYNNIEJSZE OPOWIADANIE WILDE'A

- **Gatunek:** opowiadanie fantastyczne
- **Wydanie referencyjne:** Wilde, O. (1997) *The Canterville Ghost*. London: Walker Books.
- **Pierwsze wydanie:** 1887
- **Tematy:** duchy, przesądy, praktyczne żarty, tajemnica, humor

Duch z Canterville został po raz pierwszy opublikowany w 1887 roku i jest niewątpliwie najsłynniejszym opowiadaniem Wilde'a.

Wilde gra z normami opowiadania fantastycznego i powieści gotyckiej (XIX-wieczny gatunek sentymentalnych i chorobliwych opowieści o duchach, tragicznych losach i tajemniczych zamkach), wprowadzając do nich elementy parodystyczne. Ponadto wykorzystuje tę historię jako okazję do nakreślenia satyrycznego portretu (tj. krytyki przedstawionej za pomocą humoru i parodii) Amerykanów i Brytyjczyków, zarówno pod względem ich sposobu życia, jak i mentalności.

PODSUMOWANIE

Pan Otis, amerykański minister, przenosi się wraz z rodziną do Anglii, gdzie kupił stary dom, który należał do Canterville'ów, arystokratycznej rodziny. Sam Lord Canterville odradza mu kupno domu, twierdząc, że od XVI wieku jest on nawiedzany przez ducha jego przodka, sir Simona. Amerykanin nie wierzy jednak w duchy i uważa, że ta historia to nic innego jak europejskie przesądy.

Do domu wprowadza się jego rodzina, złożona z małżeństwa Otisów i ich dzieci: Washingtona, Virginii i bliźniaków. Zostają powitani przez gospodynię domu, panią Umney. W bibliotece widzą plamę krwi, która znajduje się tam od czasu, gdy sir Simon zabił swoją żonę trzy wieki wcześniej. Washington jest niezrażony plamą i szybko ją wymazuje, używając nowoczesnych produktów.

Następnego dnia miejsce to pojawiło się ponownie. Rodzina zaczyna więc wierzyć w istnienie ducha, ale bez przerażenia. Tej nocy duch się pojawia: Pan Otis słyszy, jak przechodzi przed jego sypialnią i oferuje mu coś do naoliwienia jego łańcuchów. Sir Simon, oburzony, idzie dalej, ale zaraz potem bliźniaki obrażają go, rzucając mu w twarz poduszkę. Duch chowa się w swoim sekretnym zakątku, zszokowany i zgorszony. Aby dodać sobie otuchy, przypomina sobie swój największy sukces – sposób, w jaki sterroryzował rodzinę Canterville i ich przyjaciół. Postanawia zemścić się na rodzinie Otisów.

Przez jakiś czas, Sir Simon po prostu sprawia, że plama krwi pojawia się ponownie, a poza tym trzyma się na uboczu. Pewnej nocy zwraca uwagę rodziny, upuszczając element zbroi, gdy próbuje go założyć. Bliźniacy w odpowiedzi atakują go ze swych dmuchawek. Sir Simon próbuje przestraszyć ich złym śmiechem, ale pani Otis zaskakuje go, sugerując mu wziąć lekarstwo na niestrawność. Ponieważ wszystkie te upokorzenia sprawiły, że jest chory, duch wycofuje się do swojej kryjówki i pozostaje tam przez pewien czas, aby zebrać odwagę i wrócić do zdrowia.

Na kolejną próbę zastraszenia postanawia założyć swój najbardziej przerażający kostium i zaoferować każdemu członkowi rodziny specjalne traktowanie. Jednak gdy już ma przystąpić do ataku, spotyka przerażające widmo, które pozbawia go rozumu. Znowu się chowa i nie ma odwagi przyjrzeć się bliżej temu drugiemu duchowi przed porankiem. Kiedy to robi, odkrywa, że to nic innego jak marionetka stworzona przez bliźniaków, aby się z niego naśmiewać.

Osłabiony tym nowym upokorzeniem, duch pozostaje w swojej kryjówce i nawet nie zawraca sobie głowy ponownym pojawieniem się plamy krwi. Nadal wychodzi od czasu do czasu, ale stara się zachować jak największą dyskrecję. Mimo to nie udaje mu się uniknąć żartów, które co noc mu szykują. Po ostatniej wędrówce, która kończy się zasadzką przygotowaną przez bliźniaków i Waszyngtona, rezygnuje na zawsze ze straszenia Amerykanów.

Ponieważ nie widzą już sir Simona, rodzina Otisów wierzy, że zniknął. Kiedy odwiedza ich zalotnik Virginii, młody książę Cheshire, którego rodzina w przeszłości spotykała się już z sir

Simonem, duch postanawia obrać go za cel. Ostatecznie jednak jest zbyt przerażony bliźniakami, by cokolwiek zrobić.

Kilka dni później Virginia przypadkowo natrafia na ducha. Jest poruszona jego cierpieniem i próbuje go pocieszyć. Poucza go o morderstwie żony i beszta go za to, że ukradł jej tubki z farbą, by odtworzyć plamę krwi. Sir Simon skarży się, że bracia jego żony ukarali go, głodząc go na śmierć i że został zmuszony do wędrówki bez odpoczynku przez wieki. Mówi Virginii, która jest pełna współczucia, że według przepowiedni lekarstwem na jego stan są łzy i miłość młodej kobiety.

Virginia odważnie zgadza się modlić o jego odpoczynek i pomóc mu najlepiej jak potrafi. Podąża za sir Simonem, który prowadzi ją do tajemniczej jaskini.

Niedługo potem rodzina uświadamia sobie, że Virginia zaginęła i zaczyna się martwić. Szukają jej w domu i ogrodzie i zaczynają podejrzewać grupę Cyganów, którym pozwolili rozbić obóz w swoim parku. Mimo to nie udaje im się jej znaleźć i postanawiają kontynuować poszukiwania następnego dnia.

Jednak o północy, kiedy wszyscy mają już udać się do swoich pokoi, w domu rozlega się straszliwy hałas i za zwalonym panelem pojawia się Virginia. Jest wyczerpana i niesie małe pudełko z biżuterią podarowane przez ducha. Prosi rodzinę, by poszła za nią do jaskini, do pomieszczenia, w którym znajduje się ciało sir Simona, przykute do ściany, z talerzem jedzenia i dzbankiem wody stojącym przed nim, tuż poza jego zasięgiem.

Kilka dni później rodzina urządza sir Simonowi uroczysty pochówek na małym cmentarzu w parku.

Pan Otis chce zwrócić lordowi Canterville klejnoty podarowane Virginii przez ducha, gdyż wydają się być bardzo cenne. Lord Canterville odmawia, biorąc pod uwagę wielką przysługę, jaką Virginia oddała jego przodkowi.

Następnie odkrywamy, że dużo później Virginia wyszła za mąż za księcia Cheshire. Po miesiącu miodowym oddają hołd sir Simonowi, składając kwiaty na jego grobie. Książę pyta młodą kobietę, co musiała zrobić, aby uwolnić ducha. Ona mówi mu, że wolałaby zachować to w tajemnicy, a jej mąż zgadza się, pewny miłości swojej żony.

STUDIUM POSTACI

SIR SIMON

Sir Simon jest członkiem rodziny Canterville, który zmarł w 1574 roku. Zamordował swoją żonę dziewięć lat przed śmiercią, a my dowiadujemy się, że jej rodzina zabiła go porzucając w lochu bez jedzenia.

Jest to bardzo dziwny duch, ponieważ jest podatny na fizyczne cierpienie i choroby. Na przykład harata sobie kolana, gdy upada, i obawia się ataków bliźniaków. Potrafi jednak przechodzić przez ściany i mówi, że nigdy nie je i nie śpi.

Na początku powieści jawi się jako wredny i okrutny duch, który jest dumny ze swoich niegodziwych czynów i tragedii, które spowodował. Co więcej, wydaje się nie odczuwać żadnych wyrzutów sumienia z powodu zamordowania swojej żony. Jednak po spotkaniu z Virginią duch staje się łagodniejszy i staje się jasne, że za swoją zbrodnię zapłacił już wielkim cierpieniem. Dzięki młodej kobiecie odnajduje drogę do odkupienia.

VIRGINIA

Jest 15-letnią dziewczyną i opisuje się jako ładna i zgrabna. Lubi jazdę konną i malowanie. W przeciwieństwie do innych członków swojej rodziny, nigdy nie dręczy ani nie obraża sir Simona.

Jest delikatną, słodką młodą kobietą, pełną sympatii i współczucia. Wzrusza ją nieszczęście ducha, a cierpienie sir Simona sprawia, że jest bardziej wyrozumiała dla jego zbrodni.

Jest też silna i odważna: nie boi się podążać za sir Simonem do podziemnych korytarzy zamku i zgadza się zrobić wszystko, by mu pomóc.

PAN I PANI OTIS

Uosabiają oni amerykański racjonalizm i materializm, w przeciwieństwie do brytyjskich przesądów i wierzeń. Kiedy pan Otis, który w Ameryce jest pastorem, zostaje ostrzeżony o istnieniu ducha, nie traktuje tej informacji poważnie. On i jego żona zawsze mają racjonalną odpowiedź na zjawiska nadprzyrodzone, z którymi się stykają: on oferuje olej na łańcuchy ducha, ona zaś proponuje kurację na niestrawność. Kiedy zaczynają wierzyć w istnienie sir Simona, przyjmują sytuację ze spokojem i nie są w najmniejszym stopniu przerażeni.

WASHINGTON I BLIŹNIAKI

Washington jest najstarszym dzieckiem w rodzinie, a bliźniaki są najmłodsze. Cała trójka czerpie przyjemność z dokuczania duchowi, ścigania go i robienia mu upokarzających żartów. Sir Simon szybko zaczyna się ich bać, do tego stopnia, że nie ma odwagi opuścić swojej kryjówki. Widzimy więc, że ci trzej młodzi ludzie, oprócz złośliwego ducha, mają te same praktyczne umysły co ich rodzice. Washington jako pierwszy demonstruje swoją obojętność wobec przesądów, wymazując słynną plamę krwi w bibliotece.

ANALIZA

STRUKTURA NARRACYJNA

Duch z Canterville to fantastyczne opowiadanie, które zapożycza i parodiuje elementy powieści gotyckiej. Znajduje to odzwierciedlenie w jego strukturze narracyjnej.

Sytuacja początkowa: to początek opowiadania, czas na ustawienie sceny i wprowadzenie bohaterów; sytuacja jest zrównoważona, co oznacza, że nie ma powodu, by się zmieniała.

- Duch Sir Simona nawiedza Canterville Chase i wywołuje powszechny lęk.

Element zakłócający: jest to wydarzenie, które ma miejsce, zmieniając sytuację wyjściową i uruchamiając prawdziwą historię.

- Rodzina Otisów wprowadza się do Canterville Chase. Są niewzruszeni na próby przestraszenia ich przez sir Simona. Ten element idzie wbrew temu, czego zwykle oczekuje się od opowieści o duchach.

Rozwój: są to wydarzenia wywołane przez element zakłócający, które skłaniają bohatera do podjęcia działań w celu rozwiązania problemu.

- Duch cierpi z powodu obojętności rodziny i żartów dzieci, nie rezygnując z chęci straszenia ich, i zaczyna rozpaczać. To właśnie w tych zwrotach akcji najbardziej widoczny jest parodystyczny wymiar tekstu.

Wynik: kończy rozwój wydarzeń i prowadzi do konkluzji.

- Sir Simonowi udaje się zdobyć Virginię, która pomaga mu odnaleźć spokój. Dzięki temu rozwiązaniu fantastyczne bierze górę nad parodystycznym, gdyż uczucia i tajemnica dominują w zakończeniu opowieści.

Zakończenie: jest to koniec historii. Sytuacja jest znowu stabilna, jak sytuacja wyjściowa, ale uległa pewnym zmianom.

- Duch zostaje uwolniony i spoczywa teraz w spokoju na cmentarzu Cantervillesów. Virginia, która wyszła za mąż, nadal czci pamięć człowieka, którego uratowała.

FANTASTYCZNA, KRÓTKA HISTORIA

Duch z Canterville to opowiadanie, które można zdefiniować jako krótki lub stosunkowo krótki tekst fikcyjny napisany prozą. Skupia się na jednym wydarzeniu, a bohaterów jest niewielu, którzy zazwyczaj nie są zbyt rozwinięci. Zakończenie opowiadania powinno być uderzające i niespodziewane. Krótkie opowiadania różnią się od baśni tym, że rozgrywają się w realistycznym uniwersum i zazwyczaj nie zawierają czarno-białych sytuacji (opozycji między dobrem a złem), stereotypowych postaci (bohaterów i czarnych charakterów) oraz moralnego przesłania, które charakteryzują gatunek baśni. Gatunek opowiadania istnieje od średniowiecza, ale został na nowo zdefiniowany i rozwinięty w XIX wieku dzięki takim autorom jak Edgar Allan Poe (amerykański pisarz, 1809-1849), Prosper Mérimée (francuski pisarz, 1803-1870) i Guy de Maupassant (francuski pisarz, 1850-1893).

Biorąc pod uwagę te cechy, można stwierdzić, że *Duch z Canterville* jest rzeczywiście opowiadaniem:

- jest to krótki tekst;

- jest tylko jedna fabuła, i to dość prosta: spotkanie rodziny Otisów z duchem;

- postaci jest niewiele (główni bohaterowie ograniczają się do rodziny Otisów i ducha) i niewiele o nich wiemy, poza tym, co jest potrzebne dla celów opowieści;

- zakończenie jest zaskakujące i dodaje tajemniczego wymiaru opowieści, gdyż Virginia odmawia wyjawienia, co wydarzyło się tej nocy z duchem.

Opowiadania mogą być realistyczne lub fantastyczne. *Duch z Canterville* to opowiadanie fantastyczne, co oznaczało, że niewytłumaczalne wydarzenia nadprzyrodzone mają miejsce w skądinąd realistycznym uniwersum. Czytelnik jest skonfrontowany ze światem, który wygląda jak ten, w którym żyje, a pojawienie się niewytłumaczalnego w tym kontekście wywołuje strach i niepokój. Fantastyka różni się więc od fantasy, ponieważ w przypadku fantasy cały wszechświat jest surrealistyczny. Tutaj istnienie ducha jest jedynym elementem opowieści, który nie jest realistyczny.

NAWIĄZANIA DO POWIEŚCI GOTYCKIEJ

W swoim opowiadaniu Wilde zapożycza również pewne elementy z powieści gotyckiej, gatunku, który był jeszcze popularny w czasie, gdy powstawał *Duch z Canterville*. Ten gatunek literacki pojawił się w Anglii pod koniec XVIII wieku. Powieści gotyckie to sentymentalne i makabryczne historie, w których ważną rolę odgrywają zjawiska nadprzyrodzone. Najbardziej znani autorzy tego gatunku to Ann Radcliffe (angielska pisarka, 1764-1823) i Horace Walpole (angielski pisarz, 1717-1797). W *Duchu z Canterville* jest wiele elementów, które przypominają powieść gotycką:

- rozgrywa się w starym i tajemniczym zamku, gdzie przeszłość jest wszechobecna;

- występują w nim wydarzenia nadprzyrodzone, takie jak plama krwi i objawienia ducha;

- dom nosi w sobie mroczną, tragiczną tajemnicę: zabójstwo lady Canterville i smutny los sir Simona;

- dzielna i cnotliwa młoda kobieta – Virginia – poświęca się dla wspólnego dobra;

- postacie, w które wciela się Sir Simon, by przestraszyć swoje ofiary, to nawiązania do tradycyjnych postaci powieści gotyckiej, takich jak "Guant Gibeon, krwiopijca z Bexley Moor", "Czerwony Reuben, czyli uduszone niemowlę" czy "Niemy Daniel, czyli szkielet samobójcy".

PARODYSTYCZNY TON

Choć w powieści Wilde'a pojawia się wiele elementów fantastycznych i gotyckich, to Wilde parodiuje je, czyli pokazuje w komicznym świetle. Rzeczywiście, duch nie jest w rzeczywistości przerażający, a nawet staje się żałosną i śmieszną ofiarą rodziny Otisów. Choć zjawy Sir Simona nawiązują do powieści gotyckiej i mają wywoływać strach, to spokojna racjonalność rodziny Otisów czyni wszystkie jego próby komicznymi. Na przykład zły śmiech Sir Simona przeraziłby bohaterów powieści gotyckiej, ale przez panią Otis jest brany za objaw niestrawności. Rozbieżność między działaniami ducha a reakcjami rodziny tworzy niezwykle komiczny efekt. W związku z tym *Duch z Canterville* generalnie nadaje fantastyce i nawiązaniom do powieści gotyckiej charakter komiczny. Jednak pod koniec opowiadania ostatecznie triumfuje wzruszenie i tajemnica, co pokazuje, że Wilde nie dezawuuje całkowicie swoich wzorców.

DALSZE CZYTANIE

WYDANIE REFERENCYJNE

Wilde, O. (1997) *The Canterville Ghost*. London: Walker Books.

Chcemy usłyszeć od Ciebie, co się dzieje!
Zostaw komentarz na temat swojej internetowej biblioteki
i podziel się swoimi ulubionymi książkami w mediach społecznościowych!

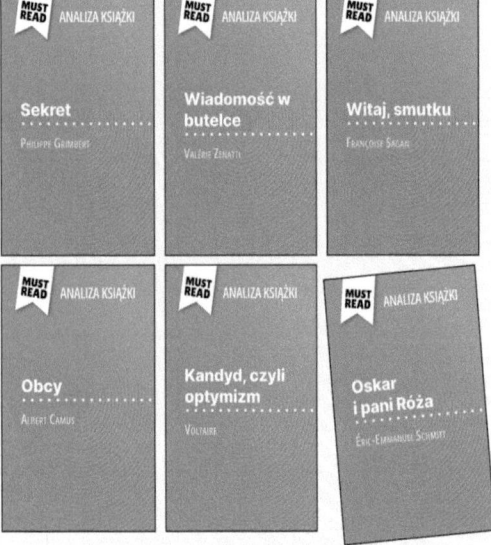

www.50minutes.com

Master ISBN: 9782808695206
Papierowy ISBN: 9782808616607
Depozyt prawny: D/2023/12603/1940

Verhaal: © Primento

Projekt cyfrowy: Primento, cyfrowy partner wydawców.